Lebenspunkte

Begegnungen im i-Punkt / Familientreffpunkt international

Diakonisches Werk Region
Kassel (Hg.)

Diakonie
Diakonisches Werk
Region Kassel

© 2017 Diakonisches Werk Region Kassel (Hg.)
Illustration: i-Punkt-Projekt „B-Treff Flüchtlinge:
Bildung–Begegnung–Begleitung", Sonja Kowald
Lektorat, Korrektorat:
Renate Graf-Klaus/Sonja Kowald
weitere Mitwirkende: Alle Teilnehmenden des Projektes
„B-Treff Flüchtlinge" im i-Punkt
Verlag: tredition GmbH, Hamburg
ISBN: 978-3-7323-2815-4 (Paperback)
       978-3-7345-5288-5 (e-Book)
Printed in Germany

*„Bei uns kommt
die ganze Welt zusammen."*

Vielen Dank an

*Wintershall Holding GmbH,
Matthias-Kaufmann-Stiftung und
Deutsche Fernsehlotterie /
Stiftung Deutsches Hilfswerk*

Vorwort

Für uns war es neu, Gedichte oder ganze Texte zu schreiben. Dazu kommt für viele Personen eine fremde Sprache, in der es schwieriger ist, Gefühle oder Zustände so zu formulieren, wie sie empfunden werden. Trotzdem haben wir einige Zeilen zu einem kleinen Büchlein zusammengetragen, auf das wir sehr stolz sind. Ganz nebenbei haben wir unsere Deutsch- und PC-Kenntnisse verbessert.

Eine besondere Herausforderung ist der Beginn einer Erzählung. Das „weiße Blatt" ist am Anfang kaum zu beschreiben, nach einiger Übung kann das Schreiben aber sehr anregend sein. Das Ziel unserer geschriebenen Texte ist das Zeigen unserer Entwicklung, bei der wir zuerst gemeinsam und später allein Texte formuliert haben.

Über einen langen Zeitraum haben wir die Texte gesammelt. Eigentlich schreiben wir nur für uns selbst. Deshalb freuen wir uns über das Interesse an unserer Arbeit.

Wir wünschen uns, dass alle Leser/innen Freude an unseren Texten haben und dass wir Mut machen können, auch selbst kreativ zu werden.

Handschriftliche Notizen

Biografisches

Ich komme aus Lettland, aus Riga Stadt. Meine Stadt ist klein und schön. Die Sonne scheint nicht oft. Meine alte Stadt ist so wie Kassel. In Kassel bin ich drei Monate. Mir gefällt die Stadt Kassel.

Wir haben Seen in Lettland. Ich vermisse die Seen. Da ist viel Gelassenheit. Ich war mit meiner Freundin oft spazieren an den Seen. Als ich nach Kassel gekommen bin, bat meine Freundin: „Koch´ die Küche aus deiner Stadt."

von K. aus Lettland

Als ich 14 Jahre alt war, kam ich auf die Krim. Die Natur hat mich überrascht. In dieser Zeit war da kein Winter und es war sehr warm. In der Winterzeit stehen die Bäume in grüner Farbe mit vielen Blumen.

Im Sommer hat mein Onkel mich zum ersten Mal zum Schwarzen Meer gebracht. Dieses Erlebnis vergesse ich nie. Das war die Stadt Ewpatorija. Diese Stadt liegt direkt am Meer. Der Strand ist bedeckt mit hellem Sand, Wasser, blau.

Die Stadt ist ein Kurort für Kinder. Man kann viele Kilometer weit gehen am Meer und das

Wasser bleibt flach. Das hat mir besonders gefallen.

von B. aus der Ukraine

B. besucht seit etwa einem Jahr unsere Deutschgruppe und ist durch eine andere Teilnehmerin zu uns gekommen. Gemeinsam besuchen sie in Waldau auch einen Seniorentreff. Beide Teilnehmerinnen wirken sehr jung und aufgeschlossen und tragen gern zu unseren Diskussionen bei.
Bs. beste Freundin lebt noch auf der Krim in Simferopol, wo sie selbst lange Zeit gewohnt hat, aber hier habe sie auch einige gute Bekannte, sagt sie lächelnd. Auf ihren Traumberuf angesprochen, berichtet sie mit glänzenden Augen, dass sie 30 Jahre in ihrem Traumberuf als Lehrerin für Mathematik in den 8. Klassen eines Gymnasiums in der Ukraine unterrichtet habe.

Meine Heimat ist Schottland und sie ist ein sehr schönes, grünes Land mit vielen Bergen. Das Wasser ist für mich sehr wichtig. Das Meer ist immer anders. Manchmal hat es viel Kraft mit ganz mächtigen Wellen, manchmal ist es gelassen und gleich einem Spiegel. Die Flüsse sind auch sehr schön. In den Bergen fließen sie sehr schnell, schneiden in das tiefe Tal und bilden dort friedliche Seen. Das Wetter ist noch eine Erinnerung. Es regnet viel und manchmal hängen die Wolken wie Nebel in den Tälern. Das Land um Kassel ist schön, aber nicht so schön wie Schottland.

von A. aus Schottland

Ich bin in der Ukraine in der Stadt Nikolaev geboren worden, aber mein Vater wurde nach seinem Abschluss der Hochschule als Schiffsbau-Ingenieur nach Kaliningrad, Königsberg, versetzt. In der Sowjetunion gab es damals so eine Ordnung: Man musste drei Jahre dort arbeiten, wohin einen die Hochschule schickte und wo der Staat Bedarf an Arbeitskräften hatte.

Ich bin noch einige Jahre mit meinen Großeltern in der Ukraine geblieben, aber im Jahr 1954 sind wir dann auch nach Kaliningrad umgezogen.

Die Stadt wurde wegen der britischen Luftbombardierung und dem „Russischen Sturm" zu neunzig Prozent zerstört, deshalb gab es dort noch im Jahr 1954 viele Ruinen.

Die Lieblingsbeschäftigung unserer Kindheit war, auf den Ruinen zu klettern. Besonders interessant waren das Königsschloss und der Dom. Dort waren viele Wege, viele Verstecke und Kellerräume.

Manchmal haben wir alte deutsche Sachen gefunden. Später wurde die Ruine des Königsschlosses restlos abgerissen, aber der Dom wurde in den neunziger Jahren restauriert.

von L. aus Russland

Früher war es ganz anders. Ich war keine Frau. Ich war ein Baum. Der Baum hatte einen mächtigen Stamm und viele Äste mit vielen glänzenden Blättern und vielen Blüten.

Die Vöglein auf meinen Ästen bauten Nester, bekamen viele kleine Vögelchen und sangen lustige Lieder. Die Tiere lagen unter dem Baum im Schatten und erholten sich. In der Nähe floss ein feines Rinnsal.

Die Tiere und Vögel tranken Wasser, wenn sie Durst hatten. Das war sehr gut und gemütlich. Einmal kam plötzlich der kalte Wind.

Ein ekliges Tier wurde vom Wind herbeigeblasen. Es begann, meine Wurzeln anzunagen. Es tat mir weh. Es nagte Wurzel für Wurzel. Die Vögel sangen nicht mehr ihr Lied und die Tiere fanden keinen Schatten mehr.

Der Tag war sehr dunkel wie in der Nacht. Ich konnte mich nicht mehr erinnern.

Jetzt lebe ich in Deutschland. Ich heiße L. Ich fühle mich sehr wohl, aber manchmal spüre ich noch die kleine Kälte.

von L. aus Russland

Als ich ein Kind war, hat mir in meiner Ortschaft Pozoblanco in Andalusien / Spanien ein bestimmter Tag gefallen. Alle Bewohner haben an diesem Tag eine Wanderung von fünf Kilometern zu einem Platz gemacht, an dem sie feiern wollten. Damals erzählten die Leute, dass dort eine Heilige plötzlich zu sehen gewesen war in einem Eichenbaum von einem Schäfer-Kind. Das war die Heilige „Virgen de luna".

Wir haben dort ein gebackenes Brot gegessen. In der Mitte war ein Ei. Man nennt dieses Brot „Hornazo".

Jedes Jahr feiern wir mit Musik und Tanz. Dort, wo es viele Eichenbäume gibt, wurde eine Kapelle gebaut zu Ehren der Heiligen „Virgen de luna" und man erzählt, dass in die Eicheln dann das Gesicht der Heiligen graviert ist.

von F. aus Spanien

Ich wurde geboren in der Hauptstadt Damaskus. Meine Heimat ist sehr schön. Ich habe vier Brüder. Diese Zeit war sehr schön. An den Wochenenden haben wir uns mit Freunden getroffen und kleine Partys gemacht.

Dann nach der Schule bin ich zur Arbeit gegangen. Das war auch eine schöne Zeit.

Ich habe Reisen gemacht. Meine fernsten Reisen waren Paris, Bukarest und Italien. Als Essen mag ich alles, was meine Mutter kochte. Das war sehr lecker.

von H. aus Syrien

Meine Kindheit war gut. In 1956 wurde ich geboren. Meine Eltern sind mit neun Kindern vom Norden in den Süden in ein Dorf gezogen. Meine Eltern haben uns Kindern gezeigt, wie man die Tiere füttert.

Es gab Hunde, Kühe, Enten, Kaninchen, Puten, Hühner und ich erinnere mich, dass meine Mutter Butter, Quark, Schmand und Käse selbst gemacht hat. Das war sehr gesund. Die Henne saß auf dem Ei und hat ein Küken geboren, Entenküken, Putenküken.

Wenn eine Kuh ein Kalb bekommen hat, war das eine große Freude. Die Kinder waren gesund. Im Garten haben wir verschiedene Pflanzen gesät. In der Familie war Frieden. Wir haben auf dem Feld Tomaten, Zwiebeln, Kartoffeln, Möhren, Paprika, Sonnenblumen und Gurken gepflanzt.

Viele Jahre hat meine Mutter ihre Wäsche mit der Hand gewaschen. Den ganzen Tag hat sie gekocht, genäht und gewaschen. Mein Vater war Traktorist. Meine Eltern waren sehr fleißig. Unser Fleisch zu Hause war immer frisch.

Mein Vater hat siebzig Jahre gelebt, meine Mutter fünfundneunzig Jahre. Meine Eltern ließen eine gute Spur. Ich will der Gnade des Herrn gedenken und wir bleiben gesund! Gott behüte uns und alle Kinder!

von S.

Ich wurde in der Stadt Odessa geboren. Die Stadt Odessa liegt am Schwarzen Meer. Ich meine, das ist die schönste Stadt in der Ukraine. Sie ist mehr als 200 Jahre alt. Odessa ist von Katharina II. gebaut worden. Der erste Bürgermeister von Odessa war der Herzog von Richelieu.

In der Stadt gibt es viele schöne Boulevards und einen großen Hafen. Dorthin kommen Schiffe aus der ganzen Welt. Es gibt ein berühmtes Operntheater. Man kann es mit Wien vergleichen. Viele Touristen besuchen die Stadt, besonders im Sommer. In Odessa wohnen 1 000 000 Einwohner. Im Sommer ist die Zahl doppelt so hoch.

Eines Tages passierte in meiner Heimatstadt etwas Besonderes: Damals lebte ich mit meinem Mann und meinem einjährigen Kind im dritten Stock eines Mehrfamilienhauses. Es war Herbst und später Abend.

Es war kalt und nass. Mein Kind schlief im Bett, mein Mann war im Badezimmer und ich machte nichts, faulenzte. Ich mag diese Jahreszeit nicht, aber wie man spricht, hat die Natur kein schlechtes Wetter, jedes Wetter ist gut. Also, die Zeit ging langsam, langweilig.

Plötzlich sind im Schrank die Gläser leicht geklungen. Ich habe mich gewundert und habe nachgedacht, ob auf der Straße die Straßenbahn oder anderes gefahren ist. Aber die Gläser setzten fort, zu klingen. Der Kronleuchter hat begonnen, zu schaukeln. Außen sprachen die Nachbarn laut und gingen die Treppe herunter. Einige Leute sind gelaufen.

Ich stand wie angewurzelt und sah auf mein schlafendes Kind. Es schlief so süß. Ich zögerte. Draußen war es so kalt. Es kann sich erkälten. Wie sollte ich es jetzt bekleiden?

Die Zeit ging, alles klang und ich stand ohne Bewegung und zu dieser Zeit saß mein Mann im Badezimmer und dachte nach, dass wahrscheinlich bei den Nachbarn die Heizung explodiert ist. Alles ist still geworden. Die Nachbarn kamen langsam müde nach Hause zurück.

Eine Nachbarin ist auf der Treppe gefallen und hat das Bein gebrochen. Endlich kam aus dem Badezimmer mein Mann. Er hat sich erkundigt, warum ein solcher Lärm war.

Ich erklärte ihm, dass das ein kleines Erdbeben war und zum Glück schon vorbei war. In unserer Wohnung war es noch den ganzen Abend still und unser Sohn schlief ruhig in seinem Bett.

von V. aus der Ukraine

Liebe Leserinnen und liebe Leser, ich habe in meiner Heimat 24 Jahre gelebt. Meine Kindheit war sehr schön. In Afghanistan im Winter gab es Schnee und im Sommer schien die Sonne.

Afghanistan hat viele Berge (Hindukusch). Es war ein sehr schönes Land. Das Klima war wunderbar. Im Winter fror man und im Sommer schwitzte man. Die Blumen rochen nach Blumen. Jede Blume hat ihren eigenen Duft. Das Gemüse schmeckt viel besser und das Obst schmeckt noch und riecht auch.

Im Westen von Kabul war ein Dorf, das heißt Pagman. Das Dorf war so schön idyllisch gewesen, dass die Leute dieses Dorf als

Paradies bezeichneten. Meine Schwester lebte in diesem Dorf. Sie hatte Landwirtschaft mit viel Garten, Blumen und natürlich Obstbäumen.

Als ich Kind war, bin ich immer im Sommer zu meiner Schwester nach Pagman gefahren. Ich habe als Kind dort viel Unsinn gemacht und im Garten gespielt. Im Garten habe ich viele Mandeln gepflückt und gegessen.

Der Schwiegervater meiner Schwester pflegte den Garten. Als ich viel Obst gegessen hatte, hat er mit mir geschimpft und gesagt: „Hör´ auf damit, Du wirst krank!" Manchmal war ich nicht gehorsam und ich habe weiter im Garten gespielt. Es war eine sehr schöne Zeit gewesen und ich träume davon.

von R. aus Afghanistan

W o ich gewohnt habe, gab es einen sehr freundlichen Hof, viele Mädchen und Jungen waren zusammen und haben verschiedene Spiele gespielt.

Am Morgen haben alle zusammen Gymnastik gemacht, danach haben wir schöne Lieder gesungen. Wir haben gute Bücher gelesen und uns viel erzählt.

von P. aus Russland

Als ich klein war, mussten ich und meine Freundin eine Stunde zu Fuß zur Schule laufen. Es dauerte auch sehr lange, bis wir wieder zu Hause waren, aber wir machten viel Spaß auf dem Weg.

Als ich jung war, musste ich nach der Schule, wenn ich zu Hause war, immer Teppiche klopfen nach den Hausaufgaben.

Als ich ein Kind war, hatte ich kein Spielzeug. Ich habe nur im Haus gespielt, z. B. mit einem Ball mit einer Freundin oder andere Spiele draußen.

Wir machten viel Spaß mit Freundinnen. Diese Zeit war für mich eine gute Zeit.

von M. aus dem Iran

Meine Kindheit war die glücklichste Zeit. Ich erinnere mich an das Ende jeder Schulklasse von 10 bis 14 Jahren. In den Sommerferien fuhr ich ins Pionierlager für Kinder. Die Sommerferien dauerten drei Monate im ganzen Land. Vor der Abfahrt besichtigte uns ein Arzt, gab eine kurze Diagnose und wir bekamen Bescheinigungen.

An dem Abfahrtstag sammelten sich alle Kinder auf dem Platz und verteilten sich auf Busse. Eine Reihe von Bussen steuerte das Pionierlager an. Dort wurden wir in Gruppen verteilt. Jede Gruppe hatte einen Erzieher und Pionierleiter. Wir lebten in den Gebäuden in den Zimmern und haben selbst Ordnung gehalten.

Morgens wurde immer mit Gymnastik begonnen. Ein Horn weckte uns. Wir liefen auf den Sportplatz und haben zum Klang der Musik geturnt. Zweimal täglich wurde eine Pionierlinie, eine Sammlung, durchgeführt. Wir stellten uns in Reihen auf mit roten Halstüchern. Am Morgen und am Abend hoben oder senkten wir die Fahne zum Klang eines Signaltons festlich.

Der Direktor sprach morgens, was jede Gruppe tun sollte. Am Abend sprach man über die Ereignisse des Tages, man gratulierte zum Geburtstag.

Wir waren gut ernährt, aber unsere Mägen hatten immer Hunger, weil wir immer an der frischen Luft waren. Wir machten viele Sachen: Wettbewerbe in Leichtathletik, Volleyball, Tischtennis, Schach, Dame spielen, lustige Spiele, schwimmen im Fluss, wir lernten neue Lieder und lasen Gedichte, machten Konzerte, Theaterstücke, saßen auch manchmal zusammen mit den älteren Gruppen und halfen auf den Feldern, das Unkraut zu jäten.

Manchmal machten wir dumme Streiche. In der Nacht, als alle schliefen, schlichen wir uns in die Zimmer der Jungs und schmierten Zahnpasta auf ihre Gesichter. Sie machten das auch. Am Morgen lachten wir dann.

Meistens am Wochenende kamen die Eltern und die Kinder verbrachten Zeit mit ihnen. Es gab keine schrecklichen Ereignisse.

von T. aus Kasachstan

Ich lebte in dem modernen Aleppo, wo ich Maschinenbau studiert habe und keinen Pfennig für das Studium oder medizinische Behandlungen bezahlen musste. Syrien war als reiches Land gekennzeichnet und hatte überhaupt keine Schulden. Ich arbeitete am Aleppo International Airport. Das Einreisevisum konnte jeder Reisende am Flughafen erhalten. So ist die Liebe meines Landes gewesen für Gäste.

Da meine Stadt im Norden in der Nähe der türkischen Grenze liegt, hat sie seit 1915 sehr viele armenische Bewohner, die damals vor dem türkischen Massaker an ihrem Volk geflohen sind. Es lebten auch viele Iraker, Libanesen und Palästinenser in meinem Land, die von den verschiedenen Kriegen in ihren Ländern geflohen waren. Heute steht Syrien alleine vor dem Terrorismus.

von R. aus Syrien

Als ich an einer großen langen hölzernen Treppe zur Bushaltestelle schnell nach unten gelaufen bin, bin ich auf meinem Bauch gefallen und etwa fünf Meter an den Sprossen nach unten gerutscht. Der Absatz meines Schuhs war hängen geblieben. In dieser Situation hatte ich gleichwohl großes Glück.

Meine feinen Strümpfe waren nicht kaputt! Das war in dieser Zeit Mangelware. Stellen Sie sich mal vor, was mir passiert war! Allerdings hatte ich eine Sehnenzerrung am Fuß. Ich war 1968 gerade 22 Jahre alt und feine Strümpfe waren wichtiger als eine Sehnenzerrung!

von V. aus Russland

Ich grabe in meinem Garten. Plötzlich stehen zwei kleine Nachbarsjungen neben mir. „Was machst du da?" „Ich grabe, siehst Du doch, macht Deine Mama auch."

„Soll ich Dich mal schubsen?"

„Wie? Nein, schubs Deine Mama."

„Darf ich nicht, die wird böse!"

Auf einmal schreit der zweite Bub:

„Der Möller kommt!"

Und hastdunichtgesehen springen die beiden in den großen Busch, der vor meiner Tür steht. Der ächzt und kracht. Macht aber nichts. Ich kann ihn ohnehin nicht leiden, weil seine Blätter kleben. Der Busch lässt die beiden auf den gebrochenen Zweigen sanft und heil zu

Boden gleiten. Mit verwirrtem Ausdruck im Gesicht kriechen sie unten raus.
Und der Möller?
Der war`s gar nicht!

von B. aus Deutschland

Heimat
Frisches Obst
Immer frisches Essen
Gute Luft zum Durchatmen,
Sehnsucht!

von N., geschrieben hat sie dieses
Gedicht nach dem Besuch ihrer Familie in
Somalia

Ich heiße **H.**
Ich komme aus dem Iran.
Ich bin verheiratet und ich habe zwei
Söhne.
Ich spreche Kurdisch und Persisch und lerne
Deutsch.
Seit 2012 bin ich in Deutschland.
Ich wohne in Kassel. -

Ich heiße S. und bin der Sohn von H. Ich bin bald sieben Jahre alt. Im September komme ich in die Schule.

Ich heiße *V*. Ich komme aus Italien und bin seit einem Jahr in Deutschland. Ich bin 17 Jahre alt. Meine Familie lebt in Deutschland.

Ich heiße *O*. Ich komme aus Russland. Ich wohne in Deutschland seit 2007. Ich wurde in Kasachstan geboren. Ich habe zwei Hochschulabschlüsse. Ich arbeitete als Juristin in einem Betrieb. Ich bin verheiratet. Ich wohne in Kassel.

Ich habe eine Tochter. Meine Tochter geht in den Kindergarten.

Ich besuche einen Deutschkurs im Familienzentrum. Ich liebe diesen Kurs, weil hier gute Lehrerinnen arbeiten. In dem Kurs studiere ich Grammatik, lese Geschichten und spreche.

Ich bin **M**. Ich bin Ärztin. Ich habe zwei Söhne. Ich komme aus Aserbaidschan, wohne seit fünf Jahren in Deutschland. Mein großer Sohn arbeitet als Betriebswirt. Mein kleiner Sohn arbeitet als Designer.

Ich bin Oma. Ich habe zwei Enkelinnen. Eine ist sieben Jahre und die zweite ist ein Jahr alt.

Gemeinsam mit ihrer Freundin Sandra unternimmt **J**. gern viel. Sie gehen ins Theater oder essen Chinesisch. J. besucht unsere PC-Lerngruppe. Als Großhandelskauffrau hat sie sehr viele Kenntnisse und frischt nur einige Bereiche, z. B. die neuen Entwicklungen im Internet, für ihre eigenen Perspektiven auf. Auch wenn sie ihren erlernten Beruf mag, nennt sie bei der Frage nach ihrem Kindheitstraumberuf eine Karriere als Schlagersängerin. Sie tanzt gern – malen oder basteln waren allerdings nie ihre Stärken, wie sie betont.

Wenn sie drei Wünsche frei hätte, dann würde sie sich eine Kreuzfahrt auf dem Mittelmeer, eine Studienreise nach Israel und Gesundheit wünschen. J. kommt aus Kassel, hat Anfang Mai Geburtstag und berichtet, dass sie die sehr heißen Temperaturen, die zur Zeit unserer Befragung herrschen, nicht gut vertragen kann. Für ihr Lebensmotto sind ihr der Glaube und das Vertrauen auf Gott wichtig.

S. berichtet, dass sie an der Haltestelle "Orenburg" im Uralgebirge geboren wurde. Das kam so: Ihre Mutter ist im Jahr 1956 hochschwanger mit ihrem achten Kind im Zug gefahren.
Als ihre Wehen einsetzten, hielt der Zug und eine Schaffnerin leistete Geburtshilfe. Nach dieser Schaffnerin wurde sie benannt.

Später lebte sie im Kaukasus und arbeitete dort als Kranführerin. In Deutschland arbeitete sie als Altenpflegehelferin. Ihr Traumberuf ist aber Köchin und in ihrer Freizeit probiert sie gern neue Rezepte aus.

Sie hat Zwillinge, einen Sohn und eine Tochter, die in diesem Jahr 40 Jahre alt werden. Sie mag Lilien und die Farben Weiß und Himmelblau. Ihre Lieblingstiere sind Schwäne. Sie sagt, dass es sehr treue Tiere seien, weil sie diese Eigenschaft besonders schätzt.

G. reist viel und hat – "Gott sei Dank" – wie sie sagt, an vielen verschiedenen Orten liebe Personen, zu denen sie gute Kontakte hat.

Gebürtig aus Cusco in Peru stammend, spricht sie als Muttersprache Spanisch, aber auch Italienisch, Englisch und Deutsch. Peru und Italien bezeichnet sie als ihre Heimatländer, in die sie gerne Menschen einlädt, damit sich Außenstehende ein Bild davon machen können. Sie hat zwei Söhne.

Nach ihrem Traumberuf gefragt, erwähnt sie ein Psychologiestudium. Ihr Interesse an Menschen schlägt sich auch in ihrer Freizeit nieder, denn sie trifft sich sehr gern mit vielen Menschen.

Dabei legt sie großen Wert auf Ehrlichkeit und Gerechtigkeit. Sie betont, dass man als Mensch auch transparent sein muss und dass man im Kontakt mit anderen Menschen immer "sein Bestes" geben müsse. Ihr Lieblingstier ist der Vogel. Der Grund: Er ist frei und kann fliegen, wohin er möchte.

Lyrik und Prosa

Die Liebe ist wie eine Rose.
Ohne Freundschaft
so wie die Erde ohne Sonne.
Liebe wird oft Arbeit oder Krieg.

von K., die gern in Deutschland
Mathematik studieren würde

Schmetterling
Bunte Farbe
Fliegt zur Blume
Bewegt sich fröhlich schillernd.
Leben.
von N. aus Tunesien

Gute Gefühle
machen das Leben wichtig.
Es ist nicht wichtig, wer Du bist,
welche Sprache Du sprichst,
welche Kultur Du hast,
woher Du kommst …
Wichtig ist ein gutes Gefühl!

von G., die an mehreren Orten der Welt
zu Hause ist

Rosenblumen
Rote, schwarze.
Rotes Symbol – Leben,
Schwarzes Symbol heißt Leiden.
Leben!
von L. aus der Ukraine

Kind.
Meine Liebe.
Er ist lustig,
spielt, springt, lacht, singt -
Uch!
von T. aus Kasachstan

Wasser
Ist wichtig
Für Lebewesen!
Die ganze Welt braucht sauberes Wasser!
Ohne Wasser kein Leben.
von S. aus Russland

Als ich Kind war, habe ich einmal eine Schildkröte mit der Hand aus ihrem Panzer genommen. Dann starb sie und ich wusste nicht, was ich tun sollte. Ich war sehr traurig.

Ich habe heute viele Erfahrungen mit Tieren und viel Spaß. Aber ich habe daraus gelernt. Ich will keinen Käfer mehr kaputt machen. Sonst träume ich in der Nacht von einem bösen Geist. Ich sehe mir den Käfer lieber unter der Lupe an.

von H. aus dem Iran

Die Erde ist wunderschön.
Die Menschheit muss mit ihr gut umgehen.
Sie ist ein Gottesgeschenk!
von L.

Baum.

Ist Natur.

Gibt uns Früchte.

Spendet uns herrlich Schatten.

Liebe!

von G.

Liebe
Luft schnappen
Aufregung, zittern, erröten
Im Traum fliegen Gedanken
Sehnsucht.
Anonym

Blume
Blüht bunt
Erfüllt die Luft
Der Schmetterling schwebt dahin
Nachtigall singt ihr leises Lied.
Bienen sammeln Süße.
Die Bäume lassen sich im Wind wiegen.
Anonym

Die Not ist eine schwere Situation. In der Not braucht man schnelle Hilfe, zum Beispiel viele Leute sind auf der Flucht. Sie haben große Not.

Sie warten auf die Hilfe, besonders an der Grenze. Die Menschen wollen die Grenze überlaufen, aber bei dieser Not wird manchen geholfen. Sie freuen sich sehr. Heutzutage sind viele Leute in Not wegen des Krieges. Man weiß es nicht, wann der Frieden kommt, damit die Leute ihr Zuhause schnell haben.

Ich weiß nicht, warum es in der ganzen Welt überall Krieg gibt. Die Menschen sprechen vom Frieden, dass sie in den Krisengebieten Frieden schaffen. Wir warten lange Zeit auf den Frieden, aber der Krieg nimmt noch mehr zu. Ich denke immer über Politik nach. Was für eine Politik gibt es auf der ganzen Welt?

Die starten nur Krieg, die denken nicht, was bedeutet Krieg. Krieg ist Elend, Hunger und Tod. Der Krieg macht nur die Schönheit der Natur kaputt.

von R. aus Afghanistan

Frieden spielt eine sehr wichtige Rolle im Leben, weil wir uns ohne Frieden gar nicht glücklich fühlen können. Frieden hat eine positive Wirkung in der Gesellschaft, deswegen muss man versuchen, anstatt Konflikten den Frieden zu leben, dadurch das Leben zu genießen. Wir sollen nicht nur in einer Gesellschaft mit Frieden leben, sondern Frieden in der Familie ist auch wichtig, weil die Kinder sich erfolgreich und zufrieden finden können.

von M.

Die Froschkönigin

Es war einmal ein junger Prinz. Sein Vater herrschte über ein großes Königreich. Im Herbst, als die Blätter von den Bäumen fielen und die Ernte eingefahren wurde, wünschte sich der Vater, dass sein Sohn heiratete. Man lud viele Prinzessinnen zu Festen auf das Schloss ein, aber keine gefiel dem Prinzen.

So ging er selbst auf die Suche nach seiner Prinzessin. Er ging zuerst in einen großen Wald. Im Wald sah er einen kleinen See. Dort saß ein schöner Frosch. Der Frosch fragte: "Was suchen Sie?" Er antwortete: "Ich suche eine junge und hübsche Prinzessin." Der Frosch war sehr traurig und weinte. Und der Prinz fragte: "Warum weinen Sie?"

Der Frosch erzählte, dass ihn vor vielen Jahren eine böse Hexe verzaubert hat. Er war vorher ein schönes Mädchen gewesen. Diese Hexe war hässlich und neidisch. Beide hatten sich beim Beerensammeln getroffen. Die Hexe hatte giftige Beeren gepflückt. Das Mädchen aß diese giftigen Beeren und wurde ein Frosch. Und die Hexe sagte: „Nur wenn ein junger Prinz Dich küsst, wirst Du wieder ein Mädchen."

Unser junger Prinz fühlte, dass der Frosch seine gesuchte Prinzessin war. Plötzlich küsste er den Frosch und der Frosch wurde eine schöne Prinzessin.
Und alles war gut, das Glück kam zu beiden. Manchmal verbirgt sich das Glück im Unscheinbaren.

Gemeinsam in der Deutschgruppe verfasst

Sehnsucht

Es naht die Frühstückspause. Der Steuerprüfer freut sich schon den ganzen Morgen auf seine leckeren Erdbeeren, die ihm seine Frau liebevoll eingepackt hat.

Er rückt seine Schreibtischlampe zur Seite, um mit Freude sein Frühstück zu genießen. Während er frühstückt, blickt er aus seinem Fenster und sieht die Berge, die am Horizont zu sehen sind.

von J.

Unheimliches

Auf dem alten Dachboden habe ich nach einem alten Rechenbrett gesucht und ein altes Buch gefunden. Wie es sich herausstellte, war das ein uraltes Zauberbuch und hinten drin steckte ein Zauberstab. Ich nahm ihn und wedelte ein bisschen in der Luft herum.

Da verschwand der Dachboden um mich her und ich stand auf einer alten Brücke über einem recht breiten Bach. Oben stand der Halbmond am dunkelblauen Himmel.

von B.

Nachtspuk

Ein Mädchen schlief in einem Haus. Plötzlich wurde es von einem Geräusch geweckt. Das Geräusch kam von einem Pfeil, der vorher an der Wand gehangen hatte und nun herabgefallen war.

Das Mädchen fragte sich, wie das passieren konnte. Es hängte den Pfeil zurück und ging wieder ins Bett. Es bemerkte aber, dass die Uhr auf dem Nachttisch verrückt war. Ihre Zeiger drehten sich schnell.

Auch die Lampe ging an und aus. Was ging hier vor?

von V.

Zauberei

Vor langer Zeit lebten Menschen in einer alten Burg. Sie verstanden sich gut und lebten freundlich zusammen. Eines Abends war das Wetter sehr schlecht und die Menschen hatten große Angst vor dem Blitz und dem Donner.

Einer der Menschen war ein Zauberer. Er schrieb einen Brief mit einem Zauberspruch und hängte den Brief in den obersten Zweig des höchsten Baumes. Da wurde das Wetter wieder schön.

von F. aus Syrien

Claude Monets Garten

Wie schön ist Giverny.
Bis jetzt war ich dort noch nie.
Ich muss dort hin.
Ich weiß nicht, wie.
Jetzt kann ich nicht reisen,
denn ich habe ein verletztes Knie.
Oh, wie schön ist Giverny!

Gemeinsam in der PC-Gruppe verfasst

Durch das Jahr

Der Frühling

Frühling
ist schön
Blumen öffnen Knospen,
die Bäume werden grün!
Wunderbar!
von J. aus Syrien

Der Frühling.
Das Gras grünt.
Die Sonne blitzt.
Die Schwalbe fliegt mit dem Frühling
nach Hause zu uns!
von O. Sie hat sich bei diesem Gedicht
an Tjutschew erinnert, der als bekannter
russischer Dichter einen Text über die
Schwalbe geschrieben hat.

Der Frühling kommt.
Die Leute sind draußen im Garten!
Andere schwimmen und gehen spazieren!
von H.

Leben,

oh, Leben!

Alle gehen weiter.

Wir treffen den Frühling.

Hurra!

von L. aus Russland

Der Frühling kommt so früh,

aus der Erde wachsen kleine Veilchen.

Die Bäume bekommen grüne Blättchen.

Die Natur wächst wieder.

von L. aus Russland

Gedanken

M. backt im Frühling einen Baklava-Kuchen aus Walnüssen. Sie feiert das Novruz-Fest, das den Frühling in verschiedenen Ländern begrüßt.

Für dieses Fest werden Gräser in Teller gepflanzt und dienen wie zu Ostern als Dekoration.

Zu diesem nicht religiösen Fest gibt es sieben verschiedene Speisen, die alle mit dem Buchstaben „S" der eigenen Sprache beginnen sollen, z. B. Äpfel, Essig oder Knoblauch.

V., die aus Italien kommt, hat in diesem Jahr zum ersten Mal den Frühling in Deutschland erlebt und sagt, dass das Wetter sehr unbeständig gewesen sei. Daran kann sie sich noch gut erinnern.

Es war aber Zeit. Ungeduldig haben wir diese fantastische Saison erwartet. Es ist wie ein Erwachen im Leben. Mit diesem Licht, mit diesen Farben, mit diesem Duft, die Vögel zwitschern – wunderschön! Wir werden aktiviert durch alle diese Signale, wir gehen mit guter Laune und sogar werden wir miteinander sympathischer. Auch die Temperatur wird milder, die Bäume werden bekleidet mit frischen grünen Blättern und der Boden wird ein sanfter grüner Teppich. Der Himmel wird manchmal ganz blau und der Frühling ist doch einfach unglaublich schön, nicht wahr?

von F.

Der Frühling ist gekommen. Er hat uns froh gemacht und Hoffnung gebracht. Die Natur ist erwacht. Die Büsche und Bäume stehen in grünen Blättern. Viele Blumen blühen und duften sehr angenehm. Die Vögel wachen sehr früh auf und man kann horchen auf ihr Singen. Die Bauern pflügen die Erde und säen die Samen.

von T.

Ich war mit meiner Enkelin spazieren im Wald und ich hörte viele Vögel, die gesungen haben. Viele Bäume bekommen grüne Blätter und viele Blumen blühen jetzt. Das ist wunderschön.

Dann ging ich mit meiner Enkelin zum Spielplatz. Sie schaukelt gern und geht gern spazieren. Dann kamen wir nach Hause und sie half mir beim Kochen. Sie macht das gern.

von S.

Das blaue Veilchen am Fensterbrett riecht gut nach warmen Frühling und Duft. Die warmen Frühlingsdüfte und Harfentöne sind angenehm zu hören. Die Frühlingsbäume sind alle schon grün und die Blumen wachsen und blühen. Der Schal flattert durch den Wind beim Radfahren.

von K.-H. aus Deutschland

Der Sommer

Ernte.
Großer Reichtum.
Gute Laune kommt.
Die Zeit für Feste.
Glück.
von E. aus der Ukraine

Sonne.

Zeit geht.

Der Herbstduft kommt.

Dieses Wetter ist herrlich,

Wunderbar!

von S.

Wetter.
Sonne scheint.
Sie scheint kräftig.
Ich gehe ins Schwimmbad.
Erfrischend.
von J. aus Deutschland

Im Sommer habe ich Freude, weil alles mehr
Farben hat und ich lache mehr. Dann reise ich
in den Urlaub, um mich zu entspannen.

von F.

Sonne.
Tag erleben.
Lust und Freude -
Ausruhen, die Natur betrachten,
genießen!
von K.-H.

Sommer wird heiß.
Alles blüht schon.
Wiesen, Wälder, Felder
Grün – Herrlich!
von B.

Blumen blühen im Sommer.
Das Wetter ist schön.
Ich mache Urlaub mit meinen Kindern.
Wir treffen meine Familie.

von E. aus dem Jemen

Sommerzeit
Es gibt frisches Obst und Gemüse.
Die Sonne scheint.
Es gibt einen Grund in der Welt.
Wir grillen und gehen spazieren und wir
reisen zu unseren Familien.
von M. aus dem Irak

Ich male den Sommer-
Aber welche Farben?
Mit der roten Farbe
Die Sonne und die Rosen.
Mit der grünen Farbe
Das Feld und die Wiese.
Mit der blauen Farbe
Den Himmel und den Bach.

Und bei welcher Farbe kann ich bei den
Wolken bleiben? Ich bleibe bei den Wolken?
Ich male den Sommer-
Das ist sehr schwer ...

von O.

Ramadan: Ein Bericht vom „Heißen Monat"

Die Erzählungen der Fastenden jetzt im Ramadan sind sehr interessant. Je nach Person sind die Themen ganz unterschiedlich.
Einige Gläubige beschäftigen sich mit der grundsätzlichen Frage, ob sie überhaupt fasten sollten, weil sie z. B. krank sind oder eine sehr schwere körperliche Arbeit haben. Manche sprechen über ganz praktische Inhalte, z. B. dass man nachts aufstehen und essen muss und dass es schwer ist, den ganzen Tag „gute Gedanken" zu haben, also sich nicht über den Alltag zu ärgern, etc.
Nach Einbruch der Dunkelheit, hier in Deutschland etwa um 22.00 Uhr, beginnt das Fastenbrechen.

Nach dem islamischen Glauben haben die Menschen dann die Möglichkeit, bis in die frühen Morgenstunden zu essen und zu trinken, sodass sie genug Kraft für den nächsten Tag sammeln können.

Manche Personen sind dann die ganze Nacht wach und können tagsüber schlafen, andere binden ihren Alltag in den Ramadan ein und essen um 22.00 Uhr, schlafen danach und stehen erneut kurz vor Sonnenaufgang zum Essen auf, um später zu schlafen. Der Tagesrhythmus wird dabei chaotischer, der Körper muss sich ganz umstellen. Ramadan bedeutet demnach die Enthaltsamkeit auf vielen Ebenen. Das Fasten beim Essen ist nur eine davon, denn die Gläubigen spenden z. B. Geld oder müssen darauf achten, nicht schlecht über andere zu denken oder zu reden.

Einige Personen berichten, dass die ersten beiden Stunden des Fastens anstrengender seien als die letzten beiden, das Hungergefühl sei irgendwann einfach überwunden und der Körper gewöhne sich an die Umstellung.

Die Zeit des Ramadan ist für alle Gläubigen besonders. Im Fastenbrechen und im gemeinsamen Durchhalten auch bei großer Hitze erleben sie Gemeinsamkeit und fühlen – so sagt eine Teilnehmerin – wie es Menschen geht, die nicht genug zu essen haben.

Der
Herbst

Im Herbst fallen Blätter.
Es ist kalt und Krankheiten gehen um.
Ich kann nicht nach draußen zum Wandern.

    von M. aus dem Jemen

Einmal waren wir im Auepark. Dort erholen
wir uns gerne. Viele Bäume, schöne grüne
Wiesen gibt es dort. Ein Baum war mit roten
Blättchen gedeckt.
In dem Park gibt es viele Fußwege.

    von L.

Der Baum ist ein Symbol des Lebens.
Er gibt uns Kraft.
Wir gehen spazieren und gehen durch den
Wald.

    von L.

Ein sehr schöner Herbst ist die erste Hälfte. Die Blätter auf den Bäumen werden bunt. Sie haben Farben von gelb bis purpurrot. Von leichten Böen des Windes fallen sie auf die Erde. Die Erde wird von den Blättern hell und schön, besonders an sonnigen Tagen. Es ist sehr angenehm, wenn Gäste entlang des Trottoirs gehen oder durch den Park und Du hörst das Rascheln von gefallenen Blättern.
Die Vögel sammeln sich in Scharen und lange Züge fliegen nach Süden. Allmählich ist die Natur eingeschlafen und wird Trübsal.

von T.

Vögel fliegen in den Süden. Das ist wunderschön. Bunte Blätter fallen auf die Erde. Bäume verlieren Blätter. Es ist kalt. Den goldenen Herbst lieben alle Leute. Nüsse sind reif. Äpfel fallen auf die Erde. Leute sammeln Pilze im Wald.

von S.

Wenn die Bäume bunt werden, verlieren sie die Blätter. Die Äpfel fallen, wir sammeln Pilze und Nüsse im Wald. Die Vögel fliegen in den Süden, suchen die Wärme.

Es sind Tage mit Nebel und kurz. Wir müssen die Uhr umstellen. Wir haben doch noch einmal den Herbst da. Deshalb Veränderungen in unserem Leben. Bekleidung müssen wir besonders warm anziehen. Etwas dunklere Tage und natürlich wenig Licht. Herbst ist nicht meine Saison, sehr traurig für mich.

von F.

Goldener Herbst, die Tage werden kürzer, Vögel fliegen in den Süden, Bäume verlieren bunte Blätter.

von S. aus Russland

Vögel fliegen in den Süden. Im Himmel bilden sich Gruppen. Bunte Blätter sieht man überall auf dem Boden. Bäume verlieren Blätter wie goldener Stoff.

Der goldene Herbst macht es uns in der Wohnung gemütlich. Nüsse schmecken am besten frisch. Pilze sammeln – davon kann man gute Speisen vorbereiten. Die Erntezeit bietet uns viele frische Früchte.

Nebel macht die Luft dunkel. Uhr umstellen, eine Stunde weiter schlafen. Die Tage werden kürzer, die Nacht wird länger.

Viel Geld für neue Klamotten im Herbst ausgeben. Kürbisse schmecken mir am besten. Äpfel fallen und wir lesen sie vom Boden auf.

von R.

Herbst.
Wenn am Morgen Nebel steigen,
Bäume goldene Blätter zeigen,
die Kraniche nach Süden fliehen
Mütter Kinder warm anziehen -
Dann ist es Herbst und Erntezeit.

Wir naschen von des Herbstes Gaben,
von Sommerfrüchten, denn wir haben
rechtzeitig vorgesorgt und können
uns manchmal etwas Gutes gönnen,
das eingemacht im Keller steht.
Das tröstet in den dunklen Tagen,
wenn Sehnsucht wir nach Sonne haben.

Wir danken für die gute Ernte,
die wir behaglich jetzt verzehren.
Kommt Herbst uns noch golden vor,
er öffnet dem nur Winter das Tor.
Auf den könnt´ ich ganz gern verzichten,
wenn es denn nur bald Frühling wär´.

von B.

Der Winter

Der Schnee kommt im Winter. Das Eis leuchtet dann in der Sonne. Die Kinder warten in dieser Zeit auf ihr Nikolausgeschenk. Sie haben einen Adventskalender.

Sie backen Kekse und essen Weihnachtsstollen und Lebkuchen. Meine Enkelin schmückt den Weihnachtsbaum zusammen mit ihrer Mutter, aber erst am Weihnachtsmorgen liegen die Geschenke unter dem Baum. Vier Wochen dauert der Advent.

von M.

- Wer macht die Schneeflocken?
- Wer belohnt diese Arbeit?

„Ich", antwortet der Weihnachtsmann und greift mir an die Nase.

von O.

Niemand geht,
Niemand fährt,
weil heute die Eisdecke da ist,
aber wir sind gut gefallen,
warum freut sich niemand?
von O.

Der Tag beginnt und draußen ist es dunkel.
Das Licht leuchtet.
Wir sehen durch das Fenster.
Der Schnee liegt weiß - weiß man warum es
trotzdem dunkel ist?
von O.

Jetzt ist die Zeit der Zurückgezogenheit. Zeit für das Bleiben im Wohnzimmer neben dem Kamin und für einen aromatischen Tee in den Händen und für Genuss. Dazu blicken wir auf den geschmückten Weihnachtsbaum und hören Musik im Hintergrund …

Oh, das ist eine wunderbare Zeit!

Draußen ist es sehr kalt und wir müssen vorsichtig gehen, weil es glatte Straßen gibt und wir gehen warm bekleidet, aber die Kinder freuen sich auf den Schnee, auf die Geschenke und draußen mit dem Schlitten zu fahren.

von F.

Winter kommt! Winter kommt!
Flocken fallen wieder.
Es ist kalt, es ist kalt.
Weiß ist alles wieder.
Falle, falle weißer Schnee,
kalter Schnee, kalter Schnee!
Eine Eisbahn wird der See
und wir freuen uns alle!
Verfasser unbekannt,
auswendig von S.

Winter
Alles weiß.
Heute schneit es.
Kinder spielen im Schnee.
Juhu!
von H.

Nachwort

Der „i-Punkt: Familientreffpunkt international" gilt seit langer Zeit als Zentrum und Treffpunkt für Menschen der verschiedenen Kulturen. Junge und alte Menschen aus vielen Ländern mit vielen eigenen Geschichten haben hier die Möglichkeit, sich mit ihren Stärken und Talenten einzubringen. Angebote für SchülerInnen in Form der Hausaufgabenhilfe und Schülermedienwerkstatt, für freie Gruppen in Musik und Theater, gemeinsames Kochen oder Backen sowie Deutschlernangebote sind im Familientreffpunkt in der Wildemannsgasse 14 in Kassel untergebracht.

Das Buch „Lebenspunkte" verdankt seinen Namen dem Umstand, dass der „i-Punkt" ein wichtiger Teil im Leben der Menschen ist, die mit ihren Geschichten zu uns kommen und von denen wir hier einen kleinen Ausschnitt zeigen.

Kassel im Februar 2017

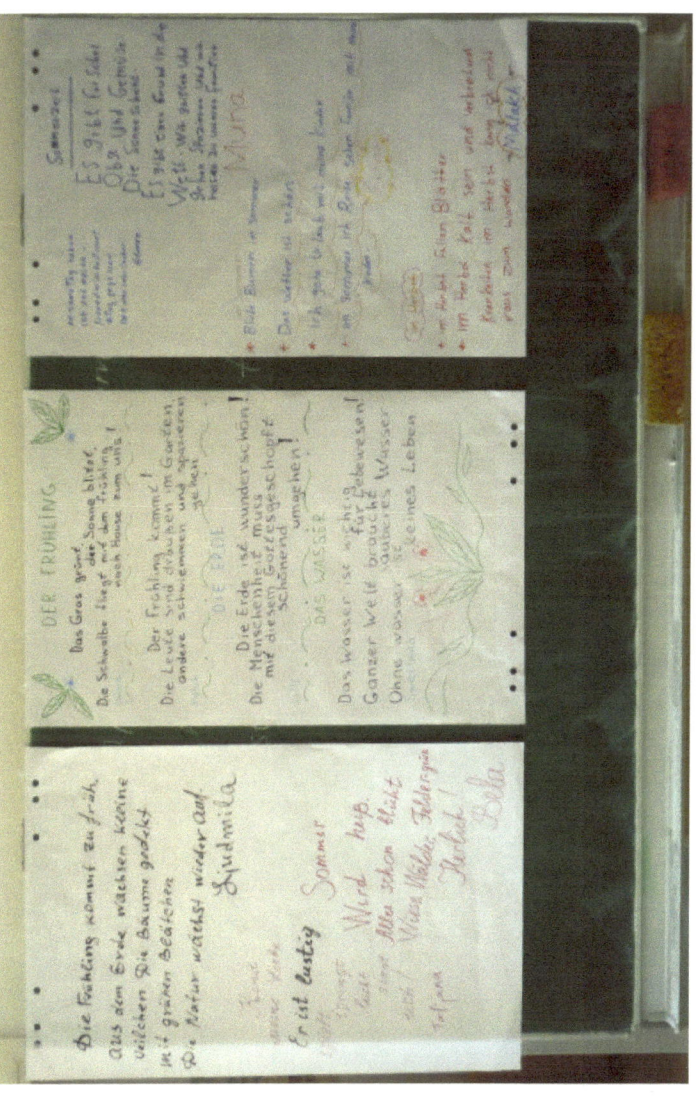

Zeitfracht Medien GmbH
Ferdinand-Jühlke-Straße 7
99095 Erfurt, Deutschland
produktsicherheit@kolibri360.de